Les dauphins

Melissa Stewart

Texte français de Marie-Josée Brière

SCHOLASTIC

Pour Claire
— M.S.

Catalogage avant publication de Bibliothèque et Archives Canada

Stewart, Melissa
[Dolphins. Français]
Les dauphins / Melissa Stewart ; texte français de Marie-Josée Brière.

(National Geographic kids)
Traduction de : Dolphins.

ISBN 978-1-4431-5351-5 (couverture souple)

1. Dauphins--Ouvrages pour la jeunesse.
I. Titre. II. Titre: Dolphins.
Français.

QL737.C432S7414 2016   j599.53   C2015-908329-X

Édition publiée par les Éditions Scholastic, 604, rue King Ouest, Toronto (Ontario)
M5V 1E1 avec la permission de National Geographic Society.

5 4 3 2 1   Imprimé au Canada 119   16 17 18 19 20

Références photographiques :
Page couverture : Photolibrary.com; 1, Stephen Frink/Digital Vision/Getty Images; 2, Mauricio Handler; 4, Konrad Wothe/
Minden Pictures; 6, Carlos Eyles; 7, David B. Fleetham/SeaPics.com; 8-9, Brandon Cole; 10, Carlos Eyles; 12-13, Doug Perrine/
SeaPics.com; 14, Wolcott Henry/NationalGeographicStock.com; 15, Miriam Stein; 16-17, Hiroya Minakuchi/Minden Pictures;
18-19, Doug Perrine/SeaPics.com; 19 (en haut), Ingrid Visser/SeaPics.com; 20, Florian Graner/naturepl.com; 20 (en
médaillon), Uko Gorter; 21, Doug Perrine/SeaPics.com; 21 (en médaillon), Uko Gorter; 22, Kevin Schafer; 23, Todd Pusser/
naturepl.com; 24, Michael S. Nolan/SeaPics.com; 25 (en haut), Joao Quaresma/SeaPics.com; 25 (en bas), Roland Seitre/
SeaPics.com; 26-27, Brandon Cole; 28, Leandro Stanzani/Ardea.com; 29 (en haut), Phillip Colla/SeaPics.com;
29 (au centre), Doug Perrine/SeaPics.com; 29 (en bas), Kevin Schafer; 31, Bob Couey/SeaWorld/Getty Images; 32 (en haut,
à gauche), Brandon Cole; 32 (au milieu, à gauche), Leandro Stanzani/Ardea.com; 32 (en bas, à gauche), Carlos Eyles;
32 (au milieu, à droite), Leandro Stanzani/Ardea.com; 32 (en bas, à droite), Doug Perrine/Seapics.com.

MIXTE
Papier issu de
sources responsables
FSC® C103113

10%

Table des matières

C'est un dauphin!

Qu'est-ce qui nage, mais qui n'est pas un poisson?

Qu'est-ce qui siffle et qui gazouille, mais qui n'est pas un oiseau?

Qu'est-ce qui adore sauter, mais qui n'est pas une grenouille?

C'est un **DAUPHIN!**

Un poisson ou un mammifère?

Le dauphin est un mammifère, comme toi.

Il remue la queue de haut en bas.

Il a la peau douce et lisse.

La température du corps du dauphin reste toujours autour de 36 degrés Celsius.

À savoir

OXYGÈNE :
Gaz invisible que les animaux respirent dans l'air et dans l'eau.

MAMMIFÈRE :
Animal à sang chaud qui boit du lait produit par sa mère, et qui a des poils et une colonne vertébrale.

Le dauphin ressemble à un poisson, mais il y a des différences importantes entre les deux.

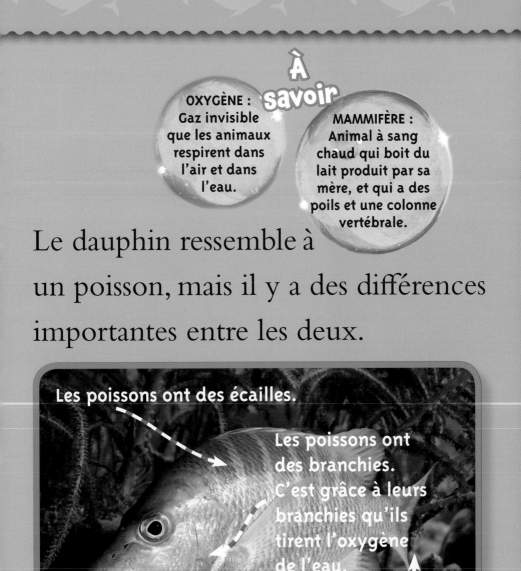

Les poissons ont des écailles.

Les poissons ont des branchies. C'est grâce à leurs branchies qu'ils tirent l'oxygène de l'eau.

Ils remuent la queue de gauche à droite.

Le corps des poissons prend la température de l'eau dans laquelle ils se trouvent.

Les bébés dauphins

La gestation dure
12 mois chez
le dauphin.

Les bébés dauphins ont une petite bouche. Ils secouent leur nourriture dans l'eau pour la briser en petites bouchées.

Q Qu'est-ce que les dauphins ont et que les autres animaux marins n'ont pas?

R Des bébés dauphins!

Les bébés dauphins nagent tout de suite après leur naissance. Ils boivent le lait de leur mère. Vers l'âge de six mois, les petits dauphins commencent à manger des poissons.

À savoir

GESTATION : Période pendant laquelle la mère porte son petit.

Groupe de dauphins

Les dauphins vivent en petits groupes.
Ces groupes se réunissent parfois
pour former ce qu'on appelle un
« banc » qui peut comprendre plus
de 1 000 dauphins.

Les dauphins « se parlent » en sifflant
et en poussant de petits cris.
Dans un groupe, certains dauphins
sont chargés de surveiller les requins
et les autres prédateurs.

Chaque dauphin a son propre
nom, qui est composé d'une
série de sifflements.

À savoir

PRÉDATEUR :
Animal qui
mange d'autres
animaux.

Les dauphins travaillent ensemble
pour attraper des proies. Quand
ils trouvent un banc de poissons,
ils l'encerclent jusqu'à ce que les
poissons soient tout près les uns des
autres et forment une grosse boule.

PROIE :
Animal qui se
fait manger
par un autre
animal.

C'est leur façon de piéger les
poissons. Quand les poissons sont
incapables de se sauver, les dauphins
plongent dans la boule à tour de
rôle pour se nourrir.

Sous l'eau

Le corps du dauphin est adapté à la vie sous l'eau.

Ses nageoires pectorales, sur les côtés, lui permettent de se mettre en mouvement, de s'arrêter et de tourner.

Sa nageoire dorsale, sur le dos, l'aide à garder son équilibre.

Sa queue puissante le fait avancer dans l'eau.

Quand un dauphin nage lentement, il monte à la surface pour respirer une ou deux fois par minute. Quand il nage vite, il saute hors de l'eau pour reprendre son souffle.

Évent

Quand le dauphin expire, l'air sort de son évent à 160 kilomètres à l'heure.

Le dauphin a une très bonne vue, mais il fait souvent très noir au fond de l'océan. Le dauphin a donc de la difficulté à voir les petits poissons qu'il aime manger.

Quand un dauphin chasse seul, il pose la tête sur le sol et produit un son de cliquètement.

Le son va frapper tout ce qui se trouve devant le dauphin et rebondit vers lui. Le dauphin repère les poissons avec ses oreilles!

Ce dauphin chasse par écholocalisation. Il se sert de l'écho pour trouver les poissons qu'il ne peut pas voir.

Où vivent les dauphins?

Il y a plus de 30 espèces de dauphins qui vivent sur la Terre.

La plupart des dauphins préfèrent les eaux chaudes des océans près de l'équateur. Mais certains vivent dans des eaux plus froides, au nord et au sud de l'équateur. On trouve même des dauphins dans les fleuves et les rivières.

Le dauphin sablier vit au milieu de l'océan, loin des côtes.

Le dauphin d'Hector reste généralement près de la terre ferme.

À savoir

ÉQUATEUR :
Ligne imaginaire
à égale distance
du pôle Nord et
du pôle Sud.

Un dauphin ou un marsouin?

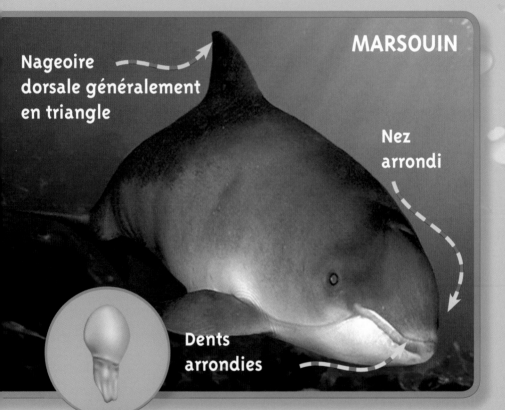

MARSOUIN

Nageoire dorsale généralement en triangle

Nez arrondi

Dents arrondies

As-tu déjà vu un marsouin? Les marsouins et les dauphins ont des points communs, mais aussi des différences.

DAUPHIN

Nez pointu

Nageoire dorsale généralement recourbée ou en forme de crochet

Dents pointues

Les dauphins ont un corps plus long et plus mince que les marsouins. Ils sont aussi plus curieux et ils aiment jouer.

DAUPHIN D'EAU DOUCE

Long nez effilé

Mauvaise vue

Nage lentement, saute rarement

As-tu déjà vu un dauphin avec un long nez pointu? Ce drôle de mammifère est un dauphin d'eau douce.

DAUPHIN OCÉANIQUE

Bonne vue

Nez court

Nage vite,
saute souvent

Les dauphins océaniques sont plus
gros que leurs cousins d'eau douce.
Ils sont aussi plus actifs et plus enjoués.

Super dauphins

TOUT UN ACROBATE

Ce dauphin à long nez tourbillonne dans les airs comme un ballon de football. Il peut sauter jusqu'à trois mètres dans les airs et tourner sur lui-même jusqu'à sept fois.

QUEL SOUFFLE!

Les dauphins passent la plus grande partie de leur vie à retenir leur souffle.
Le dauphin de Risso peut rester 30 minutes sous l'eau sans respirer.

EN PROFONDEUR

Les baleines et les dauphins sont de proches parents, si bien que nous prenons parfois certains dauphins pour des baleines, comme les globicéphales noirs. Ces dauphins-là peuvent plonger jusqu'à 600 mètres de profondeur!

Les dauphins les plus spectaculaires sont les **ORQUES**, aussi appelées « épaulards ». Elles établissent des records dans presque toutes les catégories.

VITESSE

L'orque nage sept fois plus vite qu'un nageur olympique!

ALIMENTATION

L'orque mange de tout : des tortues de mer, des pingouins, des phoques et même des requins.

LONGÉVITÉ

L'orque peut vivre jusqu'à 90 ans.

TAILLE

L'orque mâle a presque la longeur d'un autobus scolaire.

27

On s'amuse!

Les dauphins passent beaucoup
de temps à chasser pour se
nourrir. Et ils doivent
toujours être à l'affût du
danger. Mais parfois,
les dauphins veulent
juste s'amuser. Alors,
ils inventent toutes
sortes de jeux.

JEU DE BALLE : Ils lancent des algues dans les airs et essaient de les attraper.

SURF : Ils se laissent flotter sur des vagues de tempête ou sur des vagues qui se brisent près d'une plage.

CHAT PERCHÉ : Ils se pourchassent les uns les autres dans l'eau.

Les dauphins et les humains

Les dauphins sont des créatures douces, qui aiment jouer. Ils sont aussi très intelligents, et c'est pourquoi les gens et les dauphins s'entendent si bien.

En apprenant à connaître ces mammifères marins attachants, les humains aident à protéger les dauphins et les eaux dans lesquelles ils vivent.

Q Pourquoi les dauphins ont-ils seulement une nageoire dorsale?

R Parce qu'ils ont le dos trop fin pour deux!

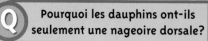

GESTATION : Période pendant laquelle la mère porte son petit.

ÉQUATEUR : Ligne imaginai à égale distance du pôle Nord et du pôle Sud.

MAMMIFÈRE : Animal à sang chaud qui boit du lait produit par sa mère, et qui a des poils et une colonne vertébrale.

OXYGÈNE : Gaz invisible qui se trouve dans l'air et dans l'eau, et qui aide les animaux à tirer c l'énergie de leur nourriture.

PRÉDATEUR : Animal qui mange d'autres animaux.

PROIE : Animal qui se fait manger par un autre anim